Πρώτο Εικονογραφημένο Λεξικό
Ζώα

First Picture Dictionary
Animals

Γουρούνι
Pig

Πεταλούδα
Butterfly

Κουνέλι
Rabbit

Αλεπού
Fox

Εικονογράφηση: Άννα Ιβανίρ

www.kidkiddos.com
Copyright ©2025 by KidKiddos Books Ltd.
support@kidkiddos.com

All rights reserved. No part of this book may be reproduced in any form or by any electronic or mechanical means, including information storage and retrieval systems, without written permission from the publisher, except in the case of a reviewer, who may quote brief passages embodied in critical articles or in a review.
First edition, 2025

Library and Archives Canada Cataloguing in Publication
First Picture Dictionary – Animals (Greek English Bilingual edition)
ISBN: 978-1-83416-546-2 paperback
ISBN: 978-1-83416-547-9 hardcover
ISBN: 978-1-83416-545-5 eBook

Άγρια Ζώα
Wild Animals

Λιοντάρι
Lion

Τίγρης
Tiger

Καμηλοπάρδαλη
Giraffe

- Η καμηλοπάρδαλη είναι το ψηλότερο ζώο της στεριάς.
- A giraffe is the tallest animal on land.

Ελέφαντας
Elephant

Μαϊμού
Monkey

Άγρια Ζώα
Wild Animals

Ιπποπόταμος
Hippopotamus

Πάντα
Panda

Αλεπού
Fox

Ρινόκερος
Rhino

Ελάφι
Deer

Άλκη
Moose

Λύκος
Wolf

✦ Η άλκη είναι σπουδαίος κολυμβητής και μπορεί να βουτήξει κάτω από το νερό για να φάει φυτά!

✦ A moose is a great swimmer and can dive underwater to eat plants!

Σκίουρος
Squirrel

Κοάλα
Koala

✦ Ο σκίουρος κρύβει ξηρούς καρπούς για τον χειμώνα, αλλά μερικές φορές ξεχνάει πού τους έβαλε!

✦ A squirrel hides nuts for winter, but sometimes forgets where it put them!

Γορίλας
Gorilla

Κατοικίδια
Pets

Καναρίνι
Canary

✦ Ο βάτραχος μπορεί να αναπνέει τόσο από το δέρμα του όσο και από τους πνεύμονές του!

✦ A frog can breathe through its skin as well as its lungs!

Ινδικό Χοιρίδιο
Guinea Pig

Βάτραχος
Frog

Χάμστερ
Hamster

Χρυσόψαρο
Goldfish

Σκύλος
Dog

◆ Μερικοί παπαγάλοι μπορούν να αντιγράφουν λέξεις, ακόμα και να γελούν σαν άνθρωποι!

◆ *Some parrots can copy words and even laugh like a human!*

Γάτα
Cat

Παπαγάλος
Parrot

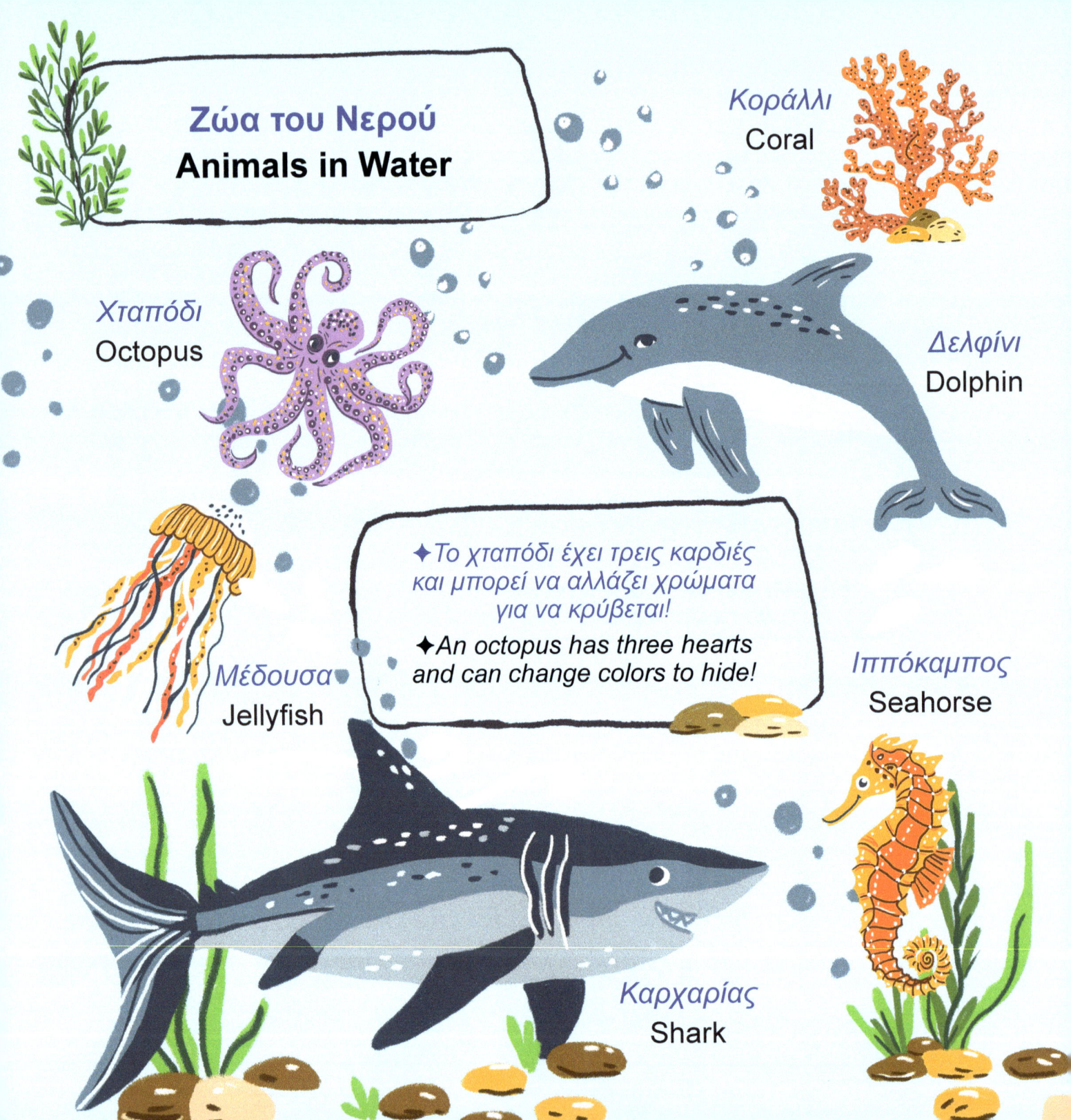

Ασβός
Badger

Σκαντζόχοιρος
Porcupine

Μαρμότα
Groundhog

✦ Η σαύρα μπορεί να βγάλει μια νέα ουρά αν χάσει την παλιά!
✦ A lizard can grow a new tail if it loses one!

Σαύρα
Lizard

Μυρμήγκι
Ant

Μικρά Ζώα
Small Animals

Χαμαιλέοντας
Chameleon

Αράχνη
Spider

✦ *Η στρουθοκάμηλος είναι το μεγαλύτερο πουλί, αλλά δεν μπορεί να πετάξει!*
✦ An ostrich is the biggest bird, but it cannot fly!

Μέλισσα
Bee

✦ *Το σαλιγκάρι κουβαλάει το σπίτι του στην πλάτη του και κινείται πολύ αργά.*
✦ A snail carries its home on its back and moves very slowly.

Σαλιγκάρι
Snail

Ποντίκι
Mouse

Αθόρυβα Ζώα
Quiet Animals

Πασχαλίτσα
Ladybug

Χελώνα
Turtle

✦ Η χελώνα μπορεί να ζήσει τόσο στη στεριά όσο και στο νερό.
✦ A turtle can live both on land and in water.

Ψάρι
Fish

Σαύρα
Lizard

Κουκουβάγια
Owl

Νυχτερίδα
Bat

✦ Η κουκουβάγια κυνηγάει τη νύχτα και χρησιμοποιεί την ακοή της για να βρει τροφή!
✦ *An owl hunts at night and uses its hearing to find food!*

✦ Η πυγολαμπίδα λάμπει τη νύχτα για να βρει άλλες πυγολαμπίδες.
✦ *A firefly glows at night to find other fireflies.*

Ρακούν
Raccoon

Ταραντούλα
Tarantula

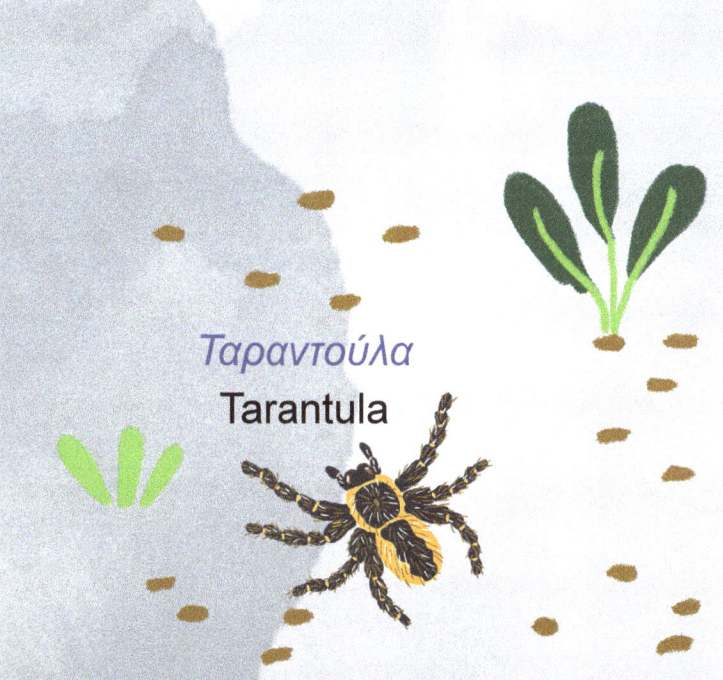

Ζώα Γεμάτα Χρώμα
Colorful Animals

Το φλαμίνγκο είναι ροζ
A flamingo is pink

Η κουκουβάγια είναι καφέ
An owl is brown

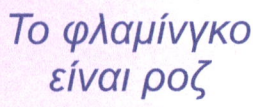

Ο κύκνος είναι λευκός
A swan is white

Το χταπόδι είναι μοβ
An octopus is purple

Ο βάτραχος είναι πράσινος
A frog is green

✦ Ο βάτραχος είναι πράσινος, για να μπορεί να κρύβεται ανάμεσα στα φύλλα.
✦ *A frog is green, so it can hide among the leaves.*

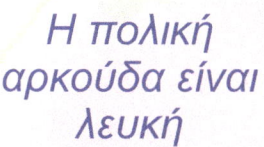

Η πολική αρκούδα είναι λευκή

A polar bear is white

Η αλεπού είναι πορτοκαλί

A fox is orange

Το κοάλα είναι γκρι

A koala is grey

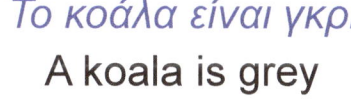

Ο πάνθηρας είναι μαύρος

A panther is black

Το κοτοπουλάκι είναι κίτρινο

A chick is yellow

Ζώα και τα Μωρά τους
Animals and Their Babies

Αγελάδα και Μοσχάρι
Cow and Calf

Γάτα και Γατάκι
Cat and Kitten

✦ *Το κοτοπουλάκι μιλάει στη μητέρα του ακόμα και πριν εκκολαφθεί.*

✦ *A chick talks to its mother even before it hatches.*

Κότα και Κοτοπουλάκι
Chicken and Chick

Σκύλος και Κουτάβι
Dog and Puppy

Πεταλούδα και Κάμπια
Butterfly and Caterpillar

Πρόβατο και Αρνί
Sheep and Lamb

Άλογο και Πουλάρι
Horse and Foal

Γουρούνι και Γουρουνάκι
Pig and Piglet

Κατσίκα και Κατσικάκι
Goat and Kid